Globos aerostáticos

Volumen

Dianne Irving

Créditos de publicación

Editora
Sara Johnson

Directora editorial
Dona Herweck Rice

Editora en jefe
Sharon Coan, M.S.Ed.

Directora creativa
Lee Aucoin

Editora comercial
Rachelle Cracchiolo, M.S.Ed.

Créditos de imagen

La autora y los editores desean agradecer y reconocer a quienes otorgaron su permiso para la reproducción de materiales protegidos por derechos de autor: portada Shutterstock; pág. 1 Photolibrary.com; págs. 4, 5 Photolibrary.com/Mary Evans Picture Library; pág. 6 Photolibrary.com; pág. 7 (arriba) Getty Images; (abajo) Shutterstock; pág. 8 Shutterstock; pág. 9 Photolibrary.com; pág. 10 Shutterstock (fondo), Big Stock; pág. 11 Photolibrary.com; pág. 12 iStockphotos; pág. 13 Photolibrary.com; pág. 14 Shutterstock; pág. 14 (recuadro) Photolibrary.com; pág. 15 Shutterstock; pág. 16 Alamy; pág. 17 Photolibray.com/Alamy; págs. 22, 23 Getty Images; págs. 24–25 Corbis; págs. 26, 27 Alamy; pág. 28; Dallas Aquarium

Ilustraciones de las págs. 18–21 por Bruce Rankin

Si bien se ha hecho todo lo posible para buscar la fuente y reconocer el material protegido por derechos de autor, los editores ofrecen disculpas por cualquier incumplimiento accidental en los casos en que el derecho de autor haya sido imposible de encontrar. Estarán complacidos de llegar a un acuerdo idóneo con el propietario legítimo en cada caso.

Teacher Created Materials

5301 Oceanus Drive
Huntington Beach, CA 92649-1030
http://www.tcmpub.com
ISBN 978-1-4938-2953-8

Contenido

Primeros vuelos 4

El combustible correcto 6

¿Cómo funciona? 8

Cómo volar 12

Despegue 16

Elevación del globo de helio 18

Récords mundiales en globo 22

Línea cronológica de los vuelos en globo 24

Globos para la diversión 26

Actividad de resolución de problemas 28

Glosario 30

Índice 31

Respuestas 32

Primeros vuelos

¿Sabías que lo primeros pasajeros de un globo aerostático fueron animales? Una oveja, un pato y un gallo viajaron dentro de una canasta atada a un globo. Este vuelo en globo tuvo lugar en 1783 en Francia. Los hermanos Montgolfier, Joseph y Étienne, fabricaron el globo con papel y **lino**.

Una multitud mira los primeros pasajeros en un globo aerostático: una oveja, un pato y un gallo.

Volumen y capacidad

El **volumen** es la cantidad de espacio que ocupa un objeto 3D. La cantidad de **materia** que un objeto 3D contiene se conoce como capacidad. A veces, la capacidad se conoce como "volumen interior".

Esta pintura muestra el primer vuelo en globo aerostático que llevó seres humanos. Los humanos estaban parados en una gran canasta debajo del globo aerostático.

Unos meses más tarde, los hermanos Montgolfier probaron un globo con pasajeros humanos. Dos hombres volaron sobre París, Francia. Este globo fue la primera **aeronave** en llevar personas al cielo.

El combustible correcto

Los primeros globos aerostáticos funcionaban impulsados por fuego. Los hermanos Montgolfier creían que era el humo lo que elevaba el globo en el aire. Pero pronto descubrieron que era el aire caliente, y no el humo, lo que empujaba el globo hacia arriba.

No les tomó mucho tiempo a las personas darse cuenta de que encender fuego en las canastas de los globos aerostáticos no era una buena idea. Las chispas podían alcanzar el globo y prenderle fuego. Los **aeronautas** necesitaban una manera más segura de generar aire caliente.

EXPLOREMOS LAS MATEMÁTICAS

Algunas canastas de globo son prismas. Para determinar el volumen de un prisma, multiplica la longitud por el ancho por la altura: el volumen puede medirse en pulgadas cúbicas (in^3) y pies cúbicos.

Este prisma tiene un volumen de 36 pulgadas cúbicas.

altura = 3 in
ancho = 2 in
longitud = 6 in

longitud × ancho × altura = volumen
6 in × 2 in × 3 in = 36 in^3

Usa la **fórmula** de volumen para encontrar el volumen de las canastas de globo a continuación. Usa las dimensiones proporcionadas:

a. longitud = 4 ft, ancho = 6 ft, altura = 5 ft

b. longitud = 6 ft, ancho = 8 ft, altura = 4 ft

En la década de 1930, los globos se llenaban con gas. El **hidrógeno** y el **helio** son gases más livianos que el aire. Hacen que los globos floten hacia arriba.

Un dirigible con un globo llenado con hidrógeno

En la década de 1960, se inventó un quemador de **propano** para llenar los globos con aire caliente. El quemador se fijaba por encima de la canasta, justo debajo de la gran abertura del globo. La llama era pequeña y no creaba chispas. Era una manera segura de calentar el aire. Este tipo de quemador aún se usa en la actualidad.

Un quemador de propano en un globo aerostático

Gas malo

El gas hidrógeno no es muy seguro. Es muy **inflamable**. Se producían explosiones con facilidad en los globos llenados con hidrógeno. Los aeronautas dejaron de usar el gas.

¿Cómo funciona?

Un globo aerostático es una bolsa especial llena de aire caliente. El globo se eleva porque el aire caliente en su interior es más liviano que aire frío en el exterior. Un pie cúbico de aire pesa cerca de 1 onza (28 g), pero 1 pie cúbico de aire *caliente* solo pesa aproximadamente ¾ de onza (21 g).

El aire caliente dentro del globo llevará al globo alto en el cielo.

Un globo aerostático debe ser grande. Tiene que contener suficiente aire caliente para llevar la canasta, el piloto y los pasajeros. El tamaño del globo depende del peso que tiene que llevar. Cuanto más pesada sea la carga, más grande debe ser el globo. Esto significa que el volumen del globo aumenta a medida que se incrementa el peso de la carga.

Globos de pasajeros

Un globo necesita un volumen de al menos 60,000 pies cúbicos (aproximadamente 1,700 m³) para llevar 2 pasajeros. La mayoría de los globos que pueden llevar 3 o 4 personas tienen un volumen de 100,000 pies cúbicos (aproximadamente 2,832 m³).

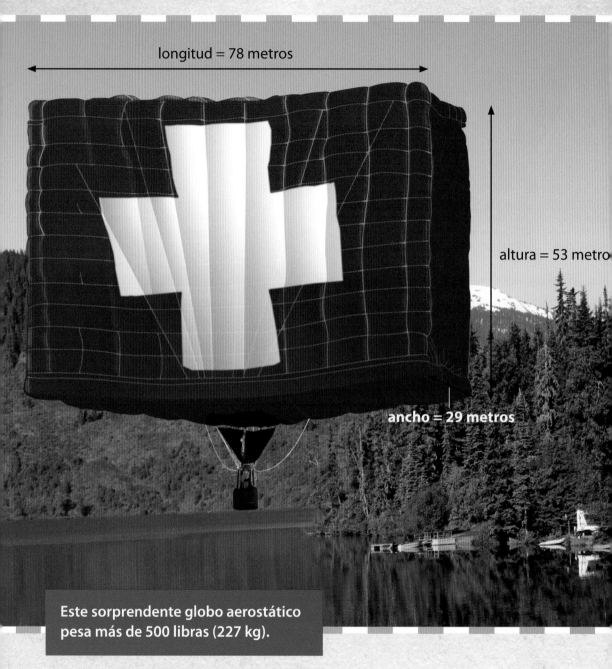

longitud = 78 metros

altura = 53 metro[s]

ancho = 29 metros

Este sorprendente globo aerostático pesa más de 500 libras (227 kg).

La bolsa del globo se llama envoltura. La apertura de la envoltura se llama "boca". En la actualidad, la mayoría de las envolturas tienen forma de bombilla. Pero algunas tienen formas inusuales como casas, animales o incluso banderas.

La envoltura está hecha de **nailon**. Los globos tienen un **sensor** que proporciona información al piloto sobre la temperatura en el interior de la envoltura. El piloto usa esta información para revisar si la envoltura se está calentando demasiado. Si aumenta mucho la temperatura, el nailon podría derretirse.

Un sensor de temperatura

EXPLOREMOS LAS MATEMÁTICAS

Usa las dimensiones del globo aerostático con forma de bandera de la página 10 para calcular el volumen de la envoltura del globo.

Cómo volar

El piloto de un globo aerostático controla la altura a la que vuela el globo. Esto se logra subiendo o bajando la llama. Al *aumentar* la llama, el aire en el interior del globo se vuelve más caliente. Esto hace que el globo **ascienda**. Al *disminuir* la llama, el aire en el interior del globo se vuelve más frío. Esto hace que el globo **descienda**.

En llamas

El gas propano se almacena en cilindros en la canasta. El gas propano es el mismo gas que se usa en las parrillas de gas para barbacoas.

Un piloto de globo ajusta los quemadores de propano.

Este piloto de globo lleva consigo un mapa para el vuelo.

El piloto puede usar el viento para moverse hacia los costados. El viento se mueve en distintas direcciones a diferentes **altitudes**. El piloto mueve el globo hacia arriba y hacia abajo para encontrar vientos que lo ayuden a moverse en la dirección correcta. El piloto estudia los **pronósticos** del clima antes de volar para saber cuáles serán las direcciones del viento en el día del vuelo.

La cantidad de calor necesaria para elevar un globo depende de la temperatura del aire fuera de la envoltura. El aire dentro de la envoltura debe estar más caliente que el aire afuera de la envoltura. Es por este motivo que muchos vuelos en globo se realizan por la mañana temprano, cuando está fresco. A esa hora también hay menos viento, por lo que es más fácil controlar el globo.

En la canasta

La canasta por lo general está hecha de un material llamado **mimbre**. Cuando el globo aterriza, la canasta de mimbre golpea el suelo sin romperse ni rebotar demasiado.

respiradero

Cuando el globo ha aterrizado, el piloto abre el respiradero por completo. Todo el aire caliente se escapa por la parte superior del globo.

El piloto puede abrir un respiradero para dejar que el aire frío entre a la envoltura. Esto ayuda a bajar el globo. El respiradero es una solapa de tela en la parte superior del globo. Se abre y se cierra con una cuerda. Se usa para hacer que el globo baje muy rápidamente.

EXPLOREMOS LAS MATEMÁTICAS

Cuando conoces el volumen, la longitud y el ancho de un prisma, puedes encontrar la altura. La fórmula que se debe usar es: volumen ÷ (longitud × ancho) = altura. El volumen del prisma que está abajo es de 48 ft³. Calcula la altura usando la fórmula a continuación y la información del diagrama. *Pista*: Recuerda calcular primero la parte de la ecuación en el paréntesis.

$$\underset{\text{volumen}}{\_\_\_\_\_} \div (\underset{\text{longitud}}{\_\_\_\_\_} \times \underset{\text{ancho}}{\_\_\_\_}) = \underset{\text{altura}}{\_\_\_\_}$$

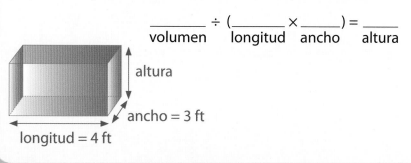

altura

ancho = 3 ft

longitud = 4 ft

Despegue

Los globos despegan de diferentes maneras. En algunos globos, el piloto y los pasajeros usan una pequeña escalera para subir dentro de una canasta que se encuentra en posición vertical. En otros, el globo, la canasta y las personas dentro del globo quedan recostados sobre el suelo. Un gran ventilador sopla aire dentro de la boca del globo. Cuando el globo está **inflado** hasta la mitad, el piloto enciende el quemador. Las llamas calientan el aire dentro de la envoltura. A medida que el aire se calienta, el globo se eleva y endereza la canasta.

Un ventilador sopla aire dentro de la boca del globo mientras los pasajeros se recuestan de costado dentro de la canasta.

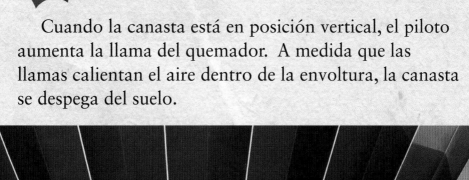

Cuando la canasta está en posición vertical, el piloto aumenta la llama del quemador. A medida que las llamas calientan el aire dentro de la envoltura, la canasta se despega del suelo.

El globo y sus pasajeros ascienden hacia el cielo.

Elevación del globo de helio

Probablemente conoces los globos de helio. Sabes con qué facilidad se alejan flotando. Piensa en el poder de elevación de los globos de helio. ¿Cuántos globos crees que serían necesarios para levantarte del suelo?

Supongamos que tienes un globo con un **diámetro** de 1 pie y un volumen de 0.5 pies cúbicos (más de 14,000 cm³). Ese volumen es suficiente para levantar media rebanada de pan. Una rebanada de pan pesa 1 onza (28 g). Eso significa que se necesitarían 2 globos de este tamaño para levantar una rebanada de pan. En otras palabras, 1 pie cúbico de gas helio puede levantar 1 onza.

Se necesitan 0.5 pies cúbicos de helio para levantar media rebanada de pan.

18

Hay 16 onzas en 1 libra. Por lo tanto, si 1 globo puede levantar 0.5 de onza, necesitarás 32 globos de helio de ese tamaño para levantar 1 libra. ¡Son muchos globos!

Se necesitan 16 pies cúbicos de helio para levantar 1 libra.

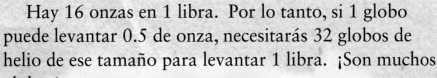

La canasta de mimbre de un globo tiene las siguientes medidas: 4 pies de largo, 4 pies de ancho, 5 pies de alto.

a. ¿Cuál es su volumen?

Una persona ocupa esta cantidad de espacio en una canasta: 2 pies en longitud, 2 pies en ancho y 5 pies en altura.

b. ¿Cuántas personas pueden caber en la canasta?
Pista: Necesitarás calcular el espacio que ocupa 1 persona primero.

Si pesas 78 libras, ¿cuánto gas helio sería necesario para levantarte? Recuerda que necesitas 16 pies cúbicos de gas helio para levantar 1 libra. Por lo tanto, necesitarías 1,248 pies cúbicos (35 m³) de gas helio para levantarte. Eso significa que serían necesarios 2,496 globos de helio para levantarte si cada globo levanta 0.5 onzas. ¡Son realmente muchos globos!

$$
\begin{array}{r}
{}^{4} \\
78 \text{ libras} \\
\times \quad 16 \text{ pies cúbicos} \\
\hline
{}^{1} \\
468 \\
+ \quad 780 \\
\hline
1{,}248 \text{ pies cúbicos}
\end{array}
$$

- - - - - - - - - - - - - - - - - - - -

2 globos = 1 pie cúbico

$$
\begin{array}{r}
{}^{1} \\
1{,}248 \text{ pies cúbicos} \\
\times \quad 2 \text{ globos por pie cúbico} \\
\hline
2{,}496 \text{ globos en total}
\end{array}
$$

Globos grandes

En 1836, un globo llamado Le Géant (el Gigante) pudo levantar hasta 4.5 toneladas (4 toneladas métricas). ¡Eso es casi lo mismo que 2 camionetas! El globo contenía 200,000 pies cúbicos (5,663 m³) de gas helio.

1,248 pies cúbicos

Supongamos que quisieras comprar un solo globo lo suficientemente grande como para levantarte. ¿Cuál sería el volumen de ese globo? Necesitarás un solo globo con un volumen de 1,248 pies cúbicos (35 m³) para levantar tu peso de 78 libras. El globo tendría un diámetro de aproximadamente 13 pies. ¡Es un globo enorme!

Récords mundiales en globo

Desde los primeros vuelos en globo, las personas han tratado de establecer récords mundiales de vuelos en globo aerostático. Hoy en día, muchos de los globos que rompen récords usan aire caliente y gas para volar.

El Dr. Vijaypat Singhania se eleva en su globo aerostático *Mission Impossible (MI-70K)* desde Bombay, India.

EXPLOREMOS LAS MATEMÁTICAS

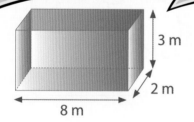

3 m

2 m

8 m

Muchos vuelos récord en globo aerostático han cruzado sobre el agua. En medidas métricas, 1 metro cúbico (m³) contiene 1,000 litros (l) de agua.

Usa el diagrama del prisma para responder las siguientes preguntas.

a. Calcula el volumen del prisma.

b. Calcula cuántos litros de agua puede contener.

c. Explica cómo resolviste este problema.

El récord del viaje más rápido en globo alrededor del mundo fue establecido en 2002 por Steve Fossett. Duró 320 horas y 33 minutos. Además, fue también el primer vuelo **solitario** en globo alrededor del mundo.

El globo del piloto estadounidense Steve Fossett flota a 21,000 pies (6,401 m).

Alrededor del mundo
El globo de Steve Fossett usó gas y aire caliente.

Línea cronológica de los vuelos en globo

Durante más de 200 años las personas han realizado vuelos en globo. En los últimos 20 años los aventureros se han fijado nuevos desafíos. Los globos han cruzado océanos y viajado sin escalas alrededor del mundo.

1978

El *Double Eagle II* fue el primer globo en cruzar el océano Atlántico. El globo estaba lleno de gas helio. El viaje duró 137 horas.

1987

Richard Branson y Per Lindstrand cruzaron el océano Atlántico en un globo aerostático. Volaron 2,900 millas (4,667 km) en 33 horas. El globo aerostático tenía un volumen de 2.3 millones de pies cúbicos (65,129 m³). En ese momento, era el globo aerostático más grande jamás volado.

Bertrand Piccard y Brian Jones vuelan alto sobre los Alpes suizos en el globo *Breitling Orbiter 3*.

2005

En 2005, el piloto indio Dr. Vijaypat Singhania se convirtió en la primera persona en alcanzar una altura de 69,852 pies (21,290 m) sobre el nivel del mar en un globo aerostático.

1991

Richard Branson y Per Lindstrand fueron las primeras personas en cruzar el océano Pacífico en un globo aerostático. Volaron 4,766 millas (7,670 km) en 47 horas.

1999

Bertrand Piccard y Brian Jones volaron alrededor del mundo en un globo aerostático sin detenerse. Les tomó 19 días, 21 horas y 55 minutos recorrer 29,055 millas (46,759 km).

Globos para la diversión

Hoy, muchos globos aerostáticos se usan por diversión. Las personas realizan paseos en globo y compiten en carreras. Pueden participar en eventos de vuelo en globo aerostático.

Muchos países realizan festivales de globos aerostáticos. Estos eventos son una gran oportunidad para que las personas conozcan más sobre el deporte de vuelo en globo aerostático.

Cientos y cientos de globos participan en los festivales de globos aerostáticos. ¡Son realmente un espectáculo asombroso!

Todos los globos aerostáticos deben ser lo suficientemente grandes para poder llevar el peso de su carga. Diferentes globos aerostáticos llevan distintos pesos. Sin una envoltura lo suficientemente grande, ¡algunos globos aerostáticos jamás podrían despegar del suelo!

EXPLOREMOS LAS MATEMÁTICAS

Cuando está plegada, la envoltura de un globo mide 4 metros de largo, 2 metros de ancho y 2 metros de alto.

a. ¿Cuál es el volumen de esta envoltura plegada?

Estas envolturas plegadas se guardan dentro de un contenedor. El contenedor mide 8 metros de largo, 8 metros de alto y 2 metros de ancho.

b. ¿Cuántas envolturas de globo cabrán dentro de 1 contenedor de este tamaño?

c. ¿Cuántas envolturas de globo cabrán dentro de 15 contenedores de este tamaño?

Un problema de peces

André es dueño de su propio negocio. Construye peceras grandes y pequeñas para acuarios. Hace poco tiempo, construyó algunas peceras nuevas para el acuario Vista Marina.

- La pecera A mide 6 pies de largo, 4 pies de ancho y 5 pies de alto.

- La pecera B mide 15 pies de largo, 4 pies de ancho y 2 pies de alto.

- La pecera C mide 8 metros de largo y 4 metros de ancho. Tiene un volumen de 96 metros cúbicos.

¡Resuélvelo!

a. ¿Cuáles son los volúmenes de las peceras A y B?

b. ¿Qué notas sobre los volúmenes de ambas peceras?

c. ¿Cuál es la altura de la pecera C?

d. ¿Cuántos litros de agua contiene la pecera C?

Usa los siguientes pasos como ayuda para responder las preguntas anteriores.

Paso 1: Para resolver la pregunta **a**, usa la fórmula:
longitud × ancho × altura = volumen

Paso 2: Para responder **b**, piensa en las dimensiones de ambas peceras A y B. *Pista*: Puede resultarte útil dibujar un prisma rectangular para cada pecera y marcar las dimensiones.

Paso 3: Para resolver la pregunta **c**, usa la formula:
volumen ÷ (longitud × ancho) = altura. Recuerda resolver primero la parte de la ecuación en el paréntesis.

Paso 4: Usa el volumen de la pecera C para calcular cuántos litros contiene. *Pista*: 1 metro cúbico (1 m³) contiene 1,000 litros (l) de agua.

Glosario

aeronautas: personas que vuelan globos

aeronave: una máquina que vuela en el aire

altitudes: alturas

ascienda: que vaya hacia arriba

descienda: que vaya hacia abajo

diámetro: la distancia a través de un círculo

fórmula: una estrategia o un plan

helio: un tipo de gas liviano que no se quema

hidrógeno: un tipo de gas

inflado: lleno de aire

inflamable: que se prende fuego con facilidad

lino: un tipo de tela tejida con fibras naturales

materia: una sustancia que ocupa un espacio

mimbre: un material flexible pero resistente fabricado con madera

nailon: una tela muy resistente fabricada con fibras artificiales

pronósticos: predicciones sobre cómo será algo

propano: un tipo de gas pesado que es inflamable

sensor: una máquina que detecta algo

solitario: individual; una persona

volumen: la cantidad de espacio que ocupa un objeto

Índice

aeronautas, 6, 7

altitud, 13

asciende, 12, 17

Branson, Richard, 24, 25

canasta, 4, 5, 6, 7, 9, 12, 14, 16, 17

carreras, 26

clima, 13

desciende, 12

envoltura, 10, 11, 14, 15, 16, 17, 27

fórmula, 6, 15

Fossett, Steve, 23

Francia, 4, 5

gallo, 4

gas propano, 12

helio, 7, 18–21, 24

hermanos Montgolfier, 4, 5, 6

hidrógeno, 7

India, 22

Jones, Brian, 25

Lindstrand, Per, 24, 25

nailon, 11

océano Atlántico, 24

océano Pacífico, 25

oveja, 4

pasajeros, 4, 5, 9, 16, 17

pato, 4

peso, 8–10, 18–21, 27

Piccard, Bertrand, 25

pilotos, 9, 11–13, 15–17

quemadores de propano, 7, 12

récords mundiales, 22–23

respiraderos, 15

sensores de temperatura, 11

Signhania, Dr. Vijaypat, 22, 25

Exploremos las matemáticas

Página 6:

a. 4 ft × 6 ft × 5 ft = 120 pies cúbicos

b. 6 ft × 8 ft × 4 ft = 192 pies cúbicos

Página 11:

78 m × 29 m × 53 m = 119,886 metros cúbicos

Página 15:

48 ft^3 ÷ (4 ft × 3 ft) = altura

48 ft^3 ÷ 12 ft = 4 ft de altura

Página 19:

a. 4 ft × 4 ft × 5 ft = 80 pies cúbicos

b. 1 persona: 2 × 2 × 5 = 20 pies cúbicos;

80 pies cúbicos ÷ 20 pies cúbicos = 4

4 personas pueden caber en la canasta.

Página 22:

a. 8 m × 2 m × 3 m = 48 m^3

b. 48 m^3 × 1,000 l = 48,000 litros de agua.

c. Las respuestas variarán.

Página 27:

a. 2 m × 2 m × 4 m = 16 m^3

1 envoltura tiene 16 m^3

b. volumen del contenedor:

8 m × 8 m × 2 m = 128 m^3

128 m^3 ÷ 16 m^3 = 8

8 globos cabrán en 1 contenedor.

c. 8 envolturas de globo ×

15 contenedores = 120

120 globos cabrán dentro de 15 contenedores.

Actividad de resolución de problemas

a. Pecera A: 6 ft × 4 ft × 5 ft = 120 ft^3

Pecera B: 15 ft × 4 ft × 2 ft = 120 ft^3

b. Las respuestas pueden variar, pero deben incluir el hecho de que la pecera A y la pecera B tienen el mismo volumen, aunque tengan dimensiones diferentes.

c. 96 m^3 ÷ (8 m × 4 m) = 3 m

La pecera C tiene una altura de 3 metros.

d. 96 m^3 × 1,000 l = 96,000 l

La pecera C contiene 96,000 litros de agua.